14歳からの政治入門

Politics Introduction
From 14 Years Old

池上 彰

マガジンハウス

14歳からの政治入門

はじめに

あなたは「政治(せいじ)」という言葉を聞くと、どんな印象を持ちますか?

むずかしい。大人たちが勝手なことをやっている。自分には関係ない。そんなイメージが浮かぶ人も多いことでしょう。

それだと、「政治家」という言葉も、なんだかなあ……という気持ちになるかもしれません。

そう、私も昔はそんな思いを持っていました。ところが、政治の取材をするようになって、政治家にもいろんなタイプの人がいる

ことを知りました。悪いイメージ通りの人も中にはいます。でも、自分たちの住む地域や日本、あるいは世界を少しでも良くするにはどうしたらいいか真剣に取り組んでいる人も多いのです。

　そうでなければ、選挙運動をしたり、毎朝、駅前に立って演説したりする力が湧いてこないと思いませんか。

　政治は自分たちに関係ない。そう思っていたら、政治家たちが勝手なことをしても止めることもできません。私たちが政治に関心を持って、政治家を監視するようになると、政治家は緊張感を持つようになります。緊張感を持って仕事をするようになれば、世の中はもっと良くなると思いませんか。そのためには、まず私たちが政治を知ることから始めましょう。

　明星学園中学校2年生の皆さんが、そんな試みに協力してくれて、この本ができました。生徒さんたちに政治について授業をしたところ、次々に「いい質問」が出てきて、それに答えているうちに、本の形になったのです。

　あなたも教室で私の授業を聞いているつもりになって、読んでみてください。

　2019年6月

　　　　　　　ジャーナリスト・名城大学教授　池上 彰

目次

はじめに 004

1 政治ってそもそも何だろう？

- 012　1. そもそも政治って必要なんだろうか
- 014　2. お金はだれが払う？ だれが集める？
- 016　3. 不正を見破る人もその人を雇うお金も必要だ
- 018　4. ルールもそれをつくる人も必要になる

2 世の中のルールはだれのもの？

- 022　1. 決めごとはだれか偉い人に任せてはどうか？
- 024　2. なぜ、ブータンでは改革が必要だったのか？
- 026　3. ヨーロッパでは国民が立ち上がってルールを変えた
- 028　4. 国王には国王の役割がある
- 030　5. 反対か賛成かをどう決めるか
- 032　6. 公務員を管理するために議員を選ぶ
- 034　7. 自分たちでやるかプロに任せるか
- 036　8. 政治の仕組みは必要があって生まれた

3 選挙って どういう意味があるの?

040	1.	多数決がすべて正しいとは限らない
042	2.	制度が変われば当選する人も変わる
044	3.	いろんな意見の人を国会に送り出そう
048	4.	1票の格差ってどういうこと?
050	5.	北朝鮮の代表は支持率100パーセント
052	6.	選挙制度があればそれでいいのか?
054	7.	選挙がなくても成り立つ国があるの?
056	8.	昔は日本にも普通の選挙はなかった
058	9.	自由な選挙ができるのは幸せなことだ
060	10.	なぜ、投票に行かないと不利になるのか?
062	11.	大学生になると国からお小遣いをもらえる国がある
064	12.	候補者を落とすのも自分たちの意思表示

4 世界はいろんなルール で成り立っている

068	1.	大統領と首相、どっちが強い?
072	2.	イギリスでは議員が人質に!?
074	3.	アメリカと日本に国家元首はいるの?
076	4.	天皇陛下には政治的な力はないの?

078	5. 共産主義っていったい何？
080	6. 理想と現実は違う
082	7. 平等なのになぜうまくいかない？
084	8. 社会主義で成功した意外な国

5 理想を実現させるのは大変だ

088	1. 議員になれば世の中の役に立てる
090	2. 同じ考え方の人たちで政党をつくろう
092	3. 政治には、なぜお金がかかるのか？
094	4. 政治家にはしっかり働いてもらおう
096	5. EUの国ぐにが理想とする世の中とは？
098	6. オバマ大統領が実現できなかったこと
100	7. アメリカの大統領でも予算がないと動けない!?
102	8. 国民のための政治って何だ？

6 みんなのお金をどう使う？

106	1. 使えるお金は限られている
108	2. すぐに病院に行ける日本の仕組み
110	3. デンマークでは薬はもらえない

112	4. 国の借金を国民が支えている
114	5. 日本の借金は1000兆円もある
116	6. 国民の声は全部聞けない
118	7. みんなが動けば選挙にもお金はかからない
120	8. 政治家だけに任せない

7 どんな街、どんな国が理想？

124	1.「政治活動」は14歳でもできる
126	2. 新しい法律を見て国の動きを知ろう
128	3. お金の使い方で未来も変わる
130	4. 視野を広げて考えよう
132	5. 民主主義は自分たちが主人公
134	6. みんなの代わりに新聞やテレビが監視する
136	7. 民主主義の国は自由な報道ができる

おわりに　140

1

政治って
そもそも
何だろう？

1-1

そもそも政治って必要なんだろうか

そもそも政治って何だろう、そもそも政治って必要なんだろうか、というところから考えてみましょう。

たとえば、あなたが住んでいる家の前の道路に穴があいて通れなくなってしまったら、どうしましょう。水が溜まって車が通ると水がはねる、そんな状態になったらどうしますか。

自分ではどうにもできなかったら、だれかに直してほしいとお願いに行くかもしれませんね。

そんなとき、どこに行きますか。

道路を管理しているところはあなたが住んでいる市区町村とは限りません。そこが市道であれば市役所ですが、都道や国道だったら？同じような道路に見えても、実は管理しているところが違うんです。

大人でもその違いがわかりにくいので、今は国が「道の相談室」という窓口を用意して、身近な道路の相談を受け付けています。ここに連絡すると、管理している国や市区町村などにつないでくれるんですね。

これは人々の「困った」「どこに連絡するの？」という問題を解決するために動いた結果で、これも「政治」のひとつと言えます。

012

では、「政治」が行われていないもっと昔はどうしていたでしょう。

向こう岸に行くために川に橋をかけたり道を直したりしたいなら、自分たちでなんとかするしかないですね。

でも、川に橋をかけるのは簡単ではありません。橋をつくる技術のある人を呼ぶ必要があります。本格的な道をつくるなら専門家がいないと難しいでしょう。そして、その分野のプロの人たちを呼んで仕事をしてもらうためには、それなりのお金がかかります。

そのお金はだれが出しますか?

1-2

お金はだれが払う？
だれが集める？

さて、橋をかけたり道路をつくったりするのには、プロの人を呼んで仕事をしてもらうため、お金がかかることがわかりました。そのお金をだれが払えばいいかといえば、そこを利用する人になります。

でも、どこまでの人に声をかければいいかが難しい問題です。近所の人はもちろんですが、何キロも離れている人がたまにそこの橋を利用する場合もあるでしょう。

通るたびに通行料を取ればいいという考え方もありますが、まず橋をつくらなければ、通行料を払ってもらえません。

先にお金を集めるにしても、どのくらいの範囲から集めればいいでしょうか。100メートル四方？ 1キロメートル四方？ できるだけ人数が多いほうが1人1人の負担額は減りますね。そうなると、お金を集める労力が大変ですから、集金する人

014

も雇わないといけませんし、その人にどのくらい給料を払うかも決めなくてはなりません。

　そもそも、その人に払うお金はだれが集めるんでしょうか。

　さらには、集金係の人が、みんなのお金を集めておきながら、半分くらい自分のポケットに入れて、「これしか集まりませんでした」と言いださないとも限りません。

　あなたなら、どうしますか？

1-3

不正を見破る人も その人を雇う お金も必要だ

みんなのための仕事のはずなのに、勝手にお金を使ったりして、不正を行う人がいるとします。残念ですが、そうすると罰するしかありません。でも、だれが罰するのでしょうか。不正を見破るためにはどうすればいいでしょうか。

本当に苦労して仕事をしているか、嘘を言っているか、見極めなくてはならなくなります。悪い人を捕まえる人も雇わなければなりません。それが今でいうと警察になるわけですが、その人を雇うお金も必要に

なってきます。

こんなこともあります。アメリカの西部開拓時代の話です。ヨーロッパからアメリカにいろんな人が移り住んできた時代、彼らは勝手に土地を自分たちのものにして耕しはじめるんです。すると、自分たちのことは全部自分たちでやるしかない。ときどき悪いヤツも出てくる。ルールを破る人も出てくる。そういう人を、場合によってはみんなで集まって殺してしまう、なんていうことが最初はあったんです。

016

　ただ、殺してしまうほど悪くはない。そこまでではないけれど、「悪いことをしたんだからどこかに閉じ込めよう」と、刑務所みたいなものができました。

　でも、そこに閉じ込めてほうっておいたら、食べ物がないから死んでしまいます。だれかが管理しなければいけない。ずっとだれかが見張ってなければいけない。すると、そういう仕事をしてくれる人を雇わなければいけなくなるわけです。当然、その人を雇うお金も必要になります。

1-4

ルールも それをつくる人も 必要になる

こうして順に考えていくと、「橋をかける」「道路をつくる」という問題だけでも次々にいろんな役割の人やお金が必要になってきます。

それで、いよいよ「橋をかけるからお金を集めます」という段階になると、「嫌だ」と抵抗する人も出てくるかもしれない。「俺は船で渡るから橋なんか使わない。なんで俺が橋をつくるお金を出さなきゃいけないんだ」という人から、どうやってお金を集めればいいでしょうか。

「みんなで何かをつくるときは、お金を出し合う」という決まりがあれば簡単かもしれませんが、そのルールはどうしましょう。

学校でも地域でも、みんなで何かを進めるにはルールが必要です。

でも、だれがルールをつくるのでしょうか。そう、ルールをつくる人を選べばいいんです。そのために「選挙」という手段が考えられました。

018

自分の意見を代弁してくれる人を選んで投票すればいいんです。

あなたが住んでいるところにも市議会や県議会、府議会、都議会があったりするでしょう。選挙で選ばれた議員は、あなたたちの身の回りのことを請け負うために雇われているわけです。

こうして、問題があるたびにどうしたらいいかを考え、ルールをつくっていく。これが「政治」なんです。

2

世の中の
ルールは
だれのもの？

2-1

決めごとは
だれか偉い人に
任せてはどうか？

たくさんの人がいると、いろんな意見が出てきます。自分たちでルールを決めて、自分たちで問題を解決していくのは意外と大変です。

そうすると、「自分たちで決めるのは面倒くさい」「だれか偉い人に頼めばいいんじゃないか」と考える人も出てきます。年貢を納める代わりに、その土地の力を持った人が人々の面倒を見る。そういう仕組みが楽だという考えもあります。

一方で、その力を持った人がますます権力を強めて、人々を一方的に支配するようにもなってしまいま

す。その結果、世界中のあちこちに絶対的な権力を持つ国王が生まれ、みな、国王に服従するようになってしまうんです。

もちろん、とてもいい国王がいる国はあります。たとえば、インドと中国の間にはさまれたブータンは、今の国王の先代（第4代国王ジグミ・シンゲ・ワンチュク）が国民のことをものすごく考える人で、さまざまな改革をして、国のルールを変えました。

今の国王（第5代国王ジグミ・ケサル・ナムゲル・ワンチュク）も優れた人ですが、「国王がすべての力を持って

いると、子孫にとんでもないヤツが出てきたときに困るだろう。だから、選挙で首相を、政治をする人を選びなさい」と言い出したんです。そうしたらブータンの国民は「そんなの嫌です」と反対したんですね。「いろいろ考えてくださっている国王を信頼しています」「自分たちで選ぶのは嫌だ」って。

それでも国王は、「それじゃいけない」と国民を説得して、選挙で人を選ぶということはどういうことなのか、投票のリハーサルまでして、新しい首相を選ばせたんです。

2-2

なぜ、
ブータンでは改革が
必要だったのか？

　日本にも、昔はあちこちに大名がいましたよね。でも、江戸幕府の徳川家康だって、選挙で選ばれたわけじゃありません。選挙に関係なく徳川幕府ができて、地方にはそれぞれ大名がいて、大名の言うことを聞いていれば良かったわけです。

　では、ブータンの国王はなぜルールを変え、国民に選挙をさせたのでしょう。

　ブータンの近くにネパールという国があります。ブータンもネパールもどちらも仏教の国です。このネパールにも国王がいて、同じように国を動かしていました。

　ところが、王族の晩餐会で、プリンスの1人が突然発砲して、そこにいる人をみんな殺して、自分も死ん

でしまったんです。
　その後、「この人だけは国王にしちゃいけない」という評判の悪い人だけが生き残って国王になったのです。その人が事件を仕掛けたんじゃないかという疑惑まであったのですが、案の定、勝手放題して、民衆からも大反発にあい、とうとう王制が廃止されてしまったんです。

　そんないきさつをブータンの国王は見ていたんでしょう。
　考えてみると、優れた国王がいると、とても楽なんです。投票に行く必要はないし、国王が言う通りにしていればいいんですから。でも、いろんな国の歴史を見てみると、どうやら、そう言って楽ばかりしていると、よくない結果を招くことがあるようです。

2-3

ヨーロッパでは国民が立ち上がってルールを変えた

　国のルールが、永遠に続くとは限りません。アジアだけでなく、ヨーロッパでも同じような話があります。

　イギリスの国王にも、過去いろんな人がいますが、国民のことを考えてくれる国王がいる間は安心です。ところが、なかには勝手に戦争を始めたりする人がいるわけです。

　エドワード3世という人は、母親がフランスの王女だったことから、「自分はフランスの国王でもある」と主張して、海峡を越えてフランスまで攻めこみました。でも、もともとは王族同士の争い。その戦いに連れて行かれたイギリス人たちが殺されることが度重なり、「冗談じゃない」と国民が立ち上がって、国王の力を奪い取ってしまうんです。

026

　もちろん、国王はその後も存在しているんですが、その力はどんどん弱くなっていき、国王もみんなの言うことを聞かなければいけないというルールがつくられました。これがいわゆる憲法になっていきます。「国王の意見よりも議会の意見を優先しましょう」というものです。
　いま国王の地位にいるエリザベス女王にも政治的な力はないんです。
　一方、フランスの国民は「国王はひどい」といって、国王の権力を奪おうとしたけれど、なかなかそれがうまくいかない。それでギロチンで国王の首を刎ねてしまいました。だから今、フランスには国王がいません。その代わり、大統領をみんなで選んでいるのです。

2-4

国王には国王の役割がある

　現在のイギリスにもいろんな意見があり、EUからの離脱問題などでも対立していますが、全くバラバラの国にならないのは、国王の地位にいるエリザベス女王が、「それぞれの意見を尊重しましょう」とコメントしたりするからです。みんなでまとまろうという意識がどこかにあるんだと思います。

　ヨーロッパには、ベルギーという国もあります。フランスのすぐ北側に位置しているんですが、ベルギーにはベルギー語がありません。

　ベルギーの南側はフランス語圏、北側はオランダ語圏、そして東側はドイツ語圏。みんな話す言葉が違う。そうすると、南北でも対立があり、「もう別々の国になろう」という議論もあります。

　ところが、ベルギーには国王がいます。ベルギーの国王はフランス語もオランダ語もドイツ語もできるんです。それぞれの地域で、それぞれの言葉を話すと、みんなのことを考えてくれているんじゃないかと国民は思うわけです。そうして国王が

いることによって、ベルギーは分裂しないですんでいる、という見方もあります。

　こんなふうに各国の歴史を見ていくと、どの国も過去の教訓を活かしたり、対立を避けるために努力したりしている人がいるんですね。

　結局は、国王のような人に全部任せれば楽なんだけど、とんでもない人が出ると困るから、みんなで自分たちの中から代表を選んで、「政治」をすればいいんじゃないかっていうことになりますね。

029

2-5

反対か賛成かを
どう決めるか

　スイスという国は、国民の問題を
みんなで考えて決めようというルー
ルになっています。

　国レベルの投票は年4回ですが、
日本でいう都道府県レベルの州単
位では、街の広場にみんなが集ま
って、「こういうことをやろうと思う
んですが、賛成ですか、反対です
か」という住民投票を頻繁にやって
います。

　とにかく国民の意見を大事にしま

しょうという姿勢が基本にあります。
ただ、国レベルになると何百万人も
いて1カ所に集まるわけにいかない
ので、選挙で代表を選んでいます。
それでも基本は住民投票、何かあ
ると「自分たちで決めよう」となる。

　以前、スイスを取材したことがあ
ります。あなたもよく使うような地元
の駅に全部投票所があって、通勤
や通学の途中でみんなが気軽に
投票しています。

030

　ちょうど私が取材に行ったときには、空港の近くの街だったので、「空港の滑走路を延長することに賛成か反対か」という住民投票をしていました。その住民投票で、たとえば滑走路を広げることに賛成だという人が多ければ、広げることになるだろうし、嫌だという人が多かったらそれをしない。そういうふうにみんなの意見を反映させている国もあるんです。

　では、日本はどうやっているでしょう。日本には約1億2600万人がいます。東京都だけでも1000万人以上いますので、スイスのようにみんなで集まるのは難しい。投票日を決めるだけでも大変です。みんなの意見を聞いていたら、何も決められなくなってしまいます。それで、代表を選んで、「議会」で物事が決められているんです。

2-6

公務員を
管理するために
議員を選ぶ

　身の回りのことを解決したい場合、いろんな役割の人やお金が必要になることがわかってきました。

☞「道路や橋をつくりたい」場合
・その道のプロを雇う
・プロを雇う人を選ぶ
・お金を集める人を選ぶ
・お金を集める人を監視する人を決める　etc.

　実際に道路ができたら、道路を管理する人も必要になるので、みんなでお金を出し合って仕事をしてもらうことになります。

　この人たちがいわゆる公務員です。その公務員を雇うためのお金が税金です。

　さらには、みんなの税金を集めるための税務署で働く人も必要になりますが、そういう人を雇うために

032

はどうすればいいでしょう？

　結局、みんなの税金を扱うのは大事な仕事で、その仕事をこなす能力も必要なので、今の日本では公務員採用試験をして選んでいます。

　でも、私たちが直接、公務員1人1人を選ぶのではなく、公務員の人たちを管理する「議員」を私たちが選んでいるわけです。

2-7

自分たちでやるか プロに任せるか

世の中の仕組みが整っても、みんなで集めるお金には限りがあります。それに、みんなあんまり税金は払いたくないですよね。

「払いたくない」という人たちから、どう税金を集めるのかも大きな問題です。

こういう税金のルールを決めるのも議員です。つまり、市議会議員とか都議会議員とか国会議員とかは、私たちが納めた税金の使い道を決める人でもあるわけです。

本音を言えば、みんな税金を納めるのはできるだけ少ないほうがいいでしょう。だけど、道路が壊れたら直してもらわなくてはいけない。そのお金は私たちが出すしかありません。あるいは火事になったらどうしますか。やっぱり消防士がいたほうがいいでしょう。

自分たちでできないところを、自分たちの代わりにやってくれる人たちがいて、今の暮らしは成り立っているんです。

034

　田舎に行くと、消防士の数が足りないから、みんなで消防団という組織をつくっています。火事になるとみんながおそろいの法被を着て、現場に駆けつけて消防士と一緒に消火活動をするんです。

　東京ではプロの消防士に任せたほうがいいとなっているんですが、そもそもは「自分たちのことは自分たちでやる」ということを、今でも地方では行っているんです。

2-8

政治の仕組みは
必要があって
生まれた

　警察官や消防士がいれば、安心ですよね。悪いことをする人がいたら警察が捕まえてくれます。

　でも、警察の人だって人間です。悪いことをしていない人を間違って捕まえてしまうかもしれません。

　そんなとき、どうしますか。

　あなたの家族もうっかり思わぬ形で逮捕されるかもしれませんよ。無罪だと主張しても警察が言うことを聞いてくれないかもしれません。

　そんなときは弁護士も必要になりますが、警察が正しかったかどうかを最終的に判断するのは裁判官です。でも、裁判官にはやはり法律について詳しい知識が必要なので、「裁判官になるための難しい試験をつくろうじゃないか」となって、それが司法試験になるわけです。

　ちなみに、弁護士、検察官、裁判官になりたい人は、みな司法試験を受けます。この試験に合格した人

036

が研修を受けて、検察官や裁判官に任命されます。検察官は警察に捕まった人を裁判にかけるかどうかを判断する人です。そうやって役割を分担させながら、この国の仕組みが整っていきました。

　最初はそれぞれの地域だけの話でしたが、もっと広いところ、やがては国全体のことになっていったんですね。

3

選挙って
どういう
意味が
あるの？

3-1

多数決が
すべて正しいとは
限らない

　みんなで何かを決めることになったときに、意見が対立することがありますね。たとえば、ある人たちは「あっちに行こう」と言った。でもこちらの人は「いやいや、こっちに行こう。行くべきだ」と別の意見を言う。そんなふうに、だれもがそれぞれ勝手に言っているだけだと、まとまりがなくなりますよね。

　そんなときに、「じゃあ投票して、意見が多かったほうに決めよう」となります。いわゆる多数決です。

　でも、多数決でも間違ってしまうことはあります。今で言うとイギリスがそうですね。国民投票でEUからの離脱を決めたのですが、いよいよEUから離れるとなった途端、さまざまな問題が吹き出して、「投票するときにもう少し少数派の言うことを聞いておけばよかった」ということになっているわけです。

　選挙制度というのはそこが一番難しい。どうしようかというときに、多数派の意見はやっぱり尊重しなきゃいけないですし、そうしなければ物事は進まないけれども、少数

040

派の考えていることだって大事なこともある。だから、少数派の代表を国会に送りこめる仕組みをつくっておかなければいけないんじゃないか、となっているわけです。

　もちろん議会では、意見が分かれたときには最終的に多数決で決めることになっています。ただ、少数意見を尊重しながら、よく話し合うことが民主主義の原則。多数決だからといって、少数派の意見を聞かないのはルールに反していると言えるんです。

3-2

制度が変われば
当選する人も
変わる

　日本の国会には、衆議院と参議院があります。そして、それぞれ議員を選ぶときの仕組みが違います。

　今の日本の衆議院選挙は「小選挙区比例代表並立制」です。「並立」というのは「一緒にやりますよ」という意味。「小選挙区」というのは1つの選挙区から1人しか当選しないことです。

　そうすると、どうしても多数の考え方を代表する大きな政党の人ばかりが当選することになる。今だと、

ほとんどが自由民主党だけになってしまいます。

　でも、他の考え方の人もいるので、得票数に応じて、いろんな政党の人がそれぞれ何人か当選できる比例代表制も取り入れよう。たとえば、立憲民主党や国民民主党、公明党、日本共産党、社会民主党とか、そういう政党の人たちも当選できるようにしよう。それが今の仕組みのベースになっています。

　逆に言うと、全部比例代表にす

042

ればいいという考え方もあるんです。日本全国、全部比例代表にして、「みんなの多様な意見を集めればいい」というやり方もありますが、結果的にものすごくたくさんの政党ができた場合、むしろ国会が混乱して国がなかなかまとまりません。

第一次世界大戦後、ドイツでは非常に民主的な憲法ができて、比例代表の形でいろんな人が選挙に出られるようにしたんです。

その結果、たくさんの政党ができて、まとまりがないなかでヒットラーが現れ、「国家社会主義ドイツ労働者党(ナチス)」をつくって、あっという間に力を持った。それが結果としてとんでもないことになってしまいました。

だから、ドイツでは今でも比例代表という形はとっているんですが、ある程度の票を取らないと、そもそも国会議員にしないという仕組みを取っています。

3-3

いろんな意見の人を
国会に送り出そう

さて、次に参議院の選挙制度を見てみましょう。

衆議院と違うところは、選挙制度が「中選挙区」だということ。衆議院だと「小選挙区」ですから、選挙区で当選するのはそれぞれ1人ずつ。そうすると、Aさんが4割の票を取り、Bさんが3割、Cさんがやっぱり3割だとすると、Aさんが当選しますよね。だけど、この人はその地域の大多数の意見を代表しているでしょうか。

そう。よく考えると、6割の人には支持されていないんです。小選挙区というのは、こういうことが起こりうるわけです。

だけど参議院は「中選挙区」。中選挙区制だと1つの選挙区から複数の議員が当選する仕組みなので、Aさんが4割、Bさん3割、Cさん2割、Dさん1割という場合、Aさん以外の人も当選でき、より多くの意見を反映することになります。

でも、もっともっと小さな政党もあります。1つ1つの選挙区だと「中選挙区」でも負けてしまうのですが、

044

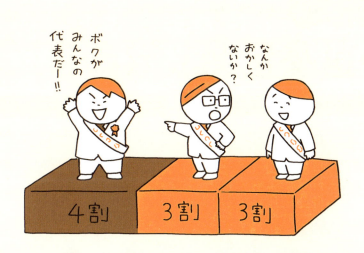

日本全国の少数派を集めると何人か当選できるくらいの政党です。だから、参議院選挙の場合は「中選挙区」と「比例代表」を並立させ、さらに参議院の比例代表は日本全国を1つのブロックにして得票数の多い順に当選者を決めていくことにしたんです。

こうすると、たとえば東北や四国の県では数が少ないけれど、日本全国で集めるとそれなりに数が集まる人は代表に送り出すことができる、ということです。

今、LGBT（エルジービーティー）に注目が集まっていますね。「同性婚を認めるべきだ」「男性同士、女性同士結婚してもいいじゃないか」と言う人がいるけれど、そんなにたくさんいるわけではありません。

でも、日本全国でかなりの数がいれば、代表を1人ぐらい送ることができるかもしれない。

そうやって衆議院と参議院の2つの選挙制度をつくることによって、いろんな意見の人を国会に送れるような仕組みになっているんです。

任期4年（解散あり）定数465名

小選挙区 比例代表 並立制
（一緒にやる）

① 各都道府県選挙区数289（定数289名）

候補者名を書く

1つの選挙区から1人当選

一番得票数が多い人が当選

Aさん　Bさん　Cさん

② 比例代表選挙（11ブロック176名）

政党名を書く

ブロックごと総得票数に応じて各党に配分

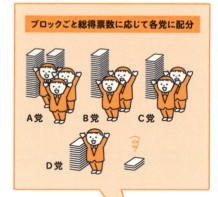

A党　B党　C党　D党

任期6年（3年ごとに半分入れ替え／解散なし）定数248名
＊2018年改正

中選挙区 比例代表 並立制

① 選挙区数45（定数148→半数74名）

候補者名を書く

1つの選挙区から1人以上当選

何が違うか
わかるかな？

② 比例代表選挙（定数100→半数50名）

政党名か候補者名を書く

日本全国の総得票数に応じて各党に配分

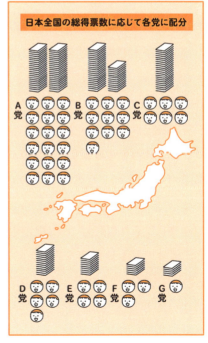

3-4

1票の格差って
どういうこと？

今、日本では国会議員の「1票の格差」が大きな問題になっています。それは主に参議院議員選挙でのことなんです。

参議院の場合、「中選挙区」という形で議員を選びます。全国47都道府県のそれぞれのところから、少なくとも1人は代表を選ぶことにして、さらにそれ以降は人口に比例して議員を選ぶ仕組みを取っていたわけですが、そうすると、人口が少ない島根県や鳥取県は少ない

人数で議員を選ぶことができるんです。島根県全体の人口で東京の大田区と同じくらいですからね。それに対して、たとえば東京や千葉、埼玉、神奈川などは1人を選ぶのにものすごくたくさんの人が必要になる。それが「不公平じゃないか」ということで、1票の格差が問題になっています。

結果的に、格差が大きすぎるから、島根県と鳥取県で合わせて1人、徳島県と高知県も合わせて1

048

人という形にして、少しでも「1票の格差」を減らしていこうとしたわけです。

　だけど、島根・鳥取や高知・徳島の人にとってみたら不満がある。他はみんな自分の県の代表を選べるのに、2つの県でたった1人ということになると、島根県の人、あるいは鳥取県の人は「わが県には代表がいないじゃないか」となります。

　だから、こういう問題が起きているんです。

3-5

北朝鮮の代表は
支持率100パーセント

意外に思う人もいるかもしれませんが、北朝鮮（朝鮮民主主義人民共和国）は「小選挙区」制を取っています。

ただ、日本の制度とは違って、朝鮮労働党という政党が、「この選挙区にはこの人が立候補します」と、1つの選挙区に1人、立候補者を指名するんです。その人がどういう人かの情報はなく、「認めるか、認めないかを投票しましょう」とい

う仕組みです。

小選挙区ですから当選者は1人。投票所に行くと、投票用紙がもらえるんですが、投票箱は1つだけ。その人を「支持する」なら、投票用紙をそのまま箱に入れます。「支持しない」なら、みんなが見ている前で記載台まで行って、×（バツ）をつけて投票箱に入れます。

それがどういうことかわかります

050

か？ だれが支持しなかったかわかってしまいますね。そんな投票に本当は行きたくないでしょう。でも、「投票に行かない」ということは、「投票したくない」ということになる。投票しなかったり「×」をつけたりしたら、どうなるでしょう。

　北朝鮮には、山の中に強制収容所があって、そこに入ると、ほとんど出てこられませんからね。だから、選挙権のある17歳以上の人は何が何でも投票しに行く。投票率は毎回99.9パーセント。その結果、指名した全員が100パーセントの支持で選ばれている、という形になっています。

　つまり、「国民から圧倒的な支持を得ています」という仕組みをつくっているわけです。

3-6

選挙制度があれば
それでいいのか？

　世界には、選挙制度を取っていない国もあります。サウジアラビアやアラブ首長国連邦（UAE）には、絶対的な国王がいて、選挙制度がそもそもないんです。

　今の中国も選挙制度はありません。全国人民代表大会（全人代）というものがあり、日本の国会にあたると言われていますが、実際には中国共産党がそれぞれの地域で「君がこの地区の代表として全国人民代表大会に行きなさい」と指名しています。

　ただ、日本の町内会レベルに当たる小さな単位では、中国でも選挙を始めているところがあります。選挙がないという今の話は、国レベルでの話なんですね。

052

　では、選挙制度があれば、いい国なんでしょうか。
　かつてイラクでは、リダム・フセインという人が選挙で選ばれて大統領をしていたんですが、当時の投票用紙には番号が書いてありました。そのため、「フセイン大統領を支持しないと、その番号でだれかがわかってしまうんじゃないか」とみんなが心配して、独裁者のフセイン大統領がいつも当選するという形になっていたんです。
　だから、ただ選挙制度があればいいのかというと、実はそうではない。北朝鮮も、国民の圧倒的な支持で金正恩委員長が選ばれたと言っているわけですから。

3-7

選挙がなくても
成り立つ国があるの？

「選挙制度がない」とはどういうことなのか。

たとえば、サウジアラビアでは国王が絶対的な力を持っているから、国王の言うことさえ聞いていればいいんです。「サウジアラビア」は「サウド家のアラビア」という意味で、アラビア半島の全体はサウド家のもの。土地が全部一家の所有物で、そこに住民を住まわせてやっているという発想なんです。その人たちが、「何か意見を言うなんてとんでもない」というのが、サウジアラビアという国です。

今、その国王の息子、ムハンマド皇太子が絶対的な力を持っていて、「皇太子のやり方がおかしい」と言っていたジャマル・カショギという記者が殺された事件がありました。

すぐ隣のアラブ首長国連邦（UAE）はサッカーが強くて有名ですが、UAEはユナイテッド・アラブ・エミレーツの略。「エミレーツ」は「首長国」という意味で、「エミール」が君主の称号。要するに王様なんです。

王様だったら国王と名乗ればいいんですが、隣のサウジアラビアが

巨大な大国で、イスラム教のメッカとメディナという2つの聖地を持っている。その2つの聖地を守っているのがサウジアラビアの国王なので、隣のアラブ首長国連邦はサウジの国王に敬意を払い、自分たちは国王より1つ下のランク、首長（エミール）を名乗っているのです。

ちなみにアラブは7つの首長国からなる連邦国家で、7つの首長国のうち石油が出るのはアブダビ首長国とドバイ首長国だけ。残りの5つ、アジュマン首長国、フジャイラ首長国、シャルジャ首長国、ラス・アル・ハイマ首長国、ウンム・アル・カイワイン首長国は石油が出ません。そこで石油が1番出るアブダビ首長国の首長がアラブ首長国連邦の大統領、2番目に石油が出るドバイ首長国の首長がアラブ首長国連邦の副大統領兼首相、残りの首長は他の大臣になっているという構造です。

そして、それぞれの首長はその国の中では圧倒的な力を持っているため、選挙制度はそもそも存在しないんです。

3-8

昔は日本にも 普通の選挙は なかった

日本の選挙制度は2015年に改正されて、それまでは20歳からだった選挙権が満18歳以上に与えられるようになりました。あなたは、もしかしたら、この選挙権を面倒くさいと思っているかもしれませんね。

でも、こういっただれにでも平等な選挙が、最初から日本にあったわけではないんです。

板垣退助という人を知っていますか。「板垣死すとも自由は死せず」という有名な言葉があります。明治時代、彼は民主主義を求め、

憲法や議会をつくろうと国民を巻きこんだ政治運動をしたわけです。そして、1890年に最初の選挙が日本で行われたんですが、このとき、選挙に参加できたのは、一定の財産を持つ男子だけでした。

そもそも政治家というのは、税金の使い道を決める人でしたよね。だから、「税金をたくさん納めている人だけで議員を選べばいい」ということだったんでしょう。

でも、民主主義の考え方が広まり、議会で決められたことが、結局

056

はみんなに影響するから、すべての国民に選挙権が与えられる「普通選挙」が行われることになったんです。それが1925年のこと。

ただし、この「すべての国民」というのは25歳以上の男子のみ。当時は女性の社会進出が遅れていて、今では考えられませんが、女性が結婚するのに父親の許可が必要だとか、そういう時代だったんです。

結局、女性が選挙で投票できるようになったのは、第二次世界大戦後の1945年です。これは日本の国民が勝ち取ったわけじゃなく、アメリカからもたらされたものなんですね。表向きは男女平等のためだったのかもしれませんが、戦争ではアメリカもひどい目にあっていたので、「女性が力を持てば、日本が戦争しない国になる」という思いがどこかにあったのかもしれません。

女性は戦争になると子どもを戦争に行かせなくてはならないので、戦争が嫌だ。結果的に日本は平和な国になると思ったんじゃないでしょうか。

057

3-9

自由な選挙が
できるのは
幸せなことだ

日本が平成の時代にも、同じアジアの国、香港では普通選挙を求める「雨傘運動」というものがありました。

香港はとても特殊なところで、今は中国の一部なんですが、それまではイギリスが支配していたんですね。1997年に中国に返されることになったんですが、いきなり社会主義にはしないで、50年間は香港の自治も認めるし、それまで通り資本主義でいいですよ、ということになったんです。

それで、行政長官という香港のトップを自由な選挙で選べると思っていたら、候補者は中国政府が認める「限られた人の中から選ぶしかない」とわかって、「おかしいじゃないか」と香港の学生たちが立ち上がったんです。

実は、この若者たちは、その少し前にあった台湾の「ひまわり運動」の刺激を受けているんですね。ひまわり運動というのは、中国との貿易を活発にして関係を強化しようとした台湾政府に対して、「それでは

058

経済が中国に支配されてしまう」と危機感を持った学生たちが、議会に突入して抗議した運動です。この学生たちにひまわりの花が差し入れされて、ひまわりが運動のシンボルになりました。

そして、この直接行動によって台湾の政府が考え方を変えて、中国との貿易を考え直すことになったんですね。「みんなが立ち上がれば、こうやって政府の考えを変えることができるんだ」と、ニュースを見ていた香港の学生たちは思ったんでしょう。

だけど、香港では警察が催涙ガスや放水で学生たちを蹴散らそうとするので、彼らは武器ではなく傘やゴーグル、マスクなどで防いで、自分たちの言い分を認めさせようとした。だから、「雨傘運動」と言われたんですが、結果的には認められなかったんです。

自由な選挙ができる、ということがいかに恵まれているか。そのことをあなたは考えてみたことがありますか。

3-10

なぜ、投票に行かないと不利になるのか？

今、子育てしている人たちが「保育所が足りない」「待機児童がいっぱいいる」と言っていますね。ここで問題なのは、子育て中の人が「選挙に行ったんですか」ということです。

子育てに忙しくて、投票に行く暇がないという理由があるかもしれませんが、政治家は自分に投票してくれない人はどうでもいいと考えがちです。それよりは、自分に投票してくれるお年寄りの年金制度や医療制度を充実させたほうがいいと考えるわけです。

結局、いろんなことで若い人のための仕組みがないということは、これまで投票に行っていないから。

いろんな選挙運動の事務所に行くとわかりますよ。若い人はほとんどいません。それぞれの地元の年配の人たちが一生懸命、自分の応援する候補者のためにボランティアで応援しています。そこで当選した政治家は、どう思いますか？ その人たちのために働こうと思うじゃないですか。若い人は投票に行かないから、どんどん不利なことになっていく。

だから、あなたが18歳になったら、投票に行けばいいんです。日本では、18歳になったら投票権を得られます。18歳になって投票に行って、若い人のことを考えていない連中を落とせばいいじゃないですか。

たとえばですが、今、高齢者の投票率は60％くらいあります。今の若い人だと20％から30％くらいでしょう。だけど18歳になったら80％の人が投票に行くと考えたら、16歳15歳14歳のために何かをやろうとする政治家も増えるのではないですか。

3-11

大学生になると国からお小遣いをもらえる国がある

　北欧にあるデンマークという国は、投票率が80％を切ったことがなく、大学生はみんな投票に行くと言われています。

　デンマークで大学生を取材したことがあります。選挙があると、みんな投票に行って、コーラやピザを持ち寄って、テレビの選挙特番を見るそうです。そこで自分の投票した人が当選するかしないか、自分の支持している政党が伸びるか伸びないか、大騒ぎをしている。そういう状況があるから、デンマークの政治家は若い人のことを大事に考えるわけです。

　デンマークの場合、幼稚園から大学まで授業料はすべて無料。それだけではなく、大学生には1人当たり毎月7万円のお小遣いが出ます。これは、大学生がアルバイトしないですむように、勉強に専念できるようにということです。これは「鶏と卵」ですね。

　つまり、大学生がみんな投票に行くから大学生のことを考えているのか、大学生のことを考えてくれて

いるからみんな投票に行くのか、と。
　さらにデンマークは消費税が25％で、軽減税率はありません。野菜でも果物でも何でも消費税は25％。でも、街頭インタビューで、「消費税、高いでしょう？」と聞いたところ、だれも高いなんて言いませんでした。
　だって授業料はすべて無料、さらに言うと医療費もすべて無料ですからね。だったら消費税25％はちっとも高くない、と考えるわけです。
　そして消費税を25％も納めてい

たら、変な政治家なんか選ぶわけにはいきません。だから、みんな政治家に対してものすごく厳しい。
　その結果、何が起きているかと言うと、デンマークの国会議事堂の前には巨大な駐輪場があるんです。国会議員のための駐輪場で、国会議員はほとんど自転車で通勤している。さすがに首相や大臣には車があるけれど、一般の国会議員は税金の無駄遣いをすると国民の目が厳しいし、選挙で負けてしまう。だから自転車なんです。

063

3-12

候補者を落とすのも
自分たちの意思表示

　日本は若い人があまり投票に行きませんよね。政治家が何をやっているかわからないし、何に税金を使っているかわからない。監視の目も厳しくない。それで、消費税が8％から10％に上がるというだけで大騒ぎしていますね。デンマークの投票率が80％になるのは、自分たちのお金が何に使われているかをチェックしている、ということなんです。

　さらに言えば、あなたのお父さんやお母さんが若いころに投票に行

かなかった結果、あなたにしわ寄せがきているということ。それを考えれば、投票に行ったほうがいいだろうとなるし、18歳になったらみんな投票に行くと思ったら、政治家はうかうかしてられません。中学生のために何かやってあげなきゃいけないと思うでしょう。

　14歳でも、「あの政治家がこんなことやってくれたんだ。じゃあ、18歳になったら、この人に投票しよう」となるし、「まったく何も考えてない

064

じゃないか。この人は何とかして落としてやろう」ともなる。

　選挙で候補者を落とすためにはどうしたらいいと思いますか？

　今、日本では何人も候補者がいるときには、「この人に投票するのをやめましょう」「落としましょう」という落選運動はできるんです。たとえ、そのライバルの候補者が気に食わないとしても、落としたい人がいたらライバルに投票する。それがあなたの意思表示になります。

4

世界は
いろんな
ルールで
成り立っている

4-1

大統領と首相、
どっちが強い？

世界には、首相がいる国、大統領がいる国、そして両方がいる国があります。大統領と首相、何が違うのでしょう？

大統領は国家元首で、国の一番のトップです。一方、首相は行政のトップなんですが、その選ばれ方によって力がある人とない人がいます。

たとえば、フランスは大統領がい

ます。今はマクロン大統領ですね。そして実は首相もいます。あなたはマクロンさんは知っていても、フランスの首相は知らないのでは？

フランスの大統領は国民が直接選挙で選んでいて、圧倒的な強い力を持っています。国家元首ですから、外国との交渉から何から何まで一手に引き受けます。だから、自

068

分の言うことを聞く首相、つまり行政のトップを選んで国内の仕事は首相にやらせています。この首相は、議会選挙でいちばん議席数の多い政党のトップの人です。今の大統領、マクロンさんは、「共和国前進」という政党のトップで、議会でもその政党の人がいちばん多いので、自分と同じ政党から首相を選んでいます。

　一方、ドイツにも大統領はいますが、君たちが知っているのはメルケル首相のほうでしょう。

　ドイツは議会制民主主義。つまり日本と同じように国民が選挙で議員を選び、国会議員の中でいちばん議席数が多い政党のトップが首相になります。だからドイツでは、

（つづく）

4-1

メルケル首相が圧倒的に強い力を持っています。そして、首相とは別に、日本で言う国会、連邦議会で大統領を選んでいます。ドイツの大統領は国家元首ですから、国の代表としていろんな国へ行くんですが、政治の実権は全部首相が握っている。大統領に政治的な権限は全くありません。だから、みんなメルケル首相のことは知っていても、ドイツの大統領のことは知らない、ということになります。

　隣の国、韓国の文在寅大統領もよく知られていますね。だけど、韓国にも首相がいるというのは、みんな知らないでしょう。文在寅大統領は、国民の選挙で選ばれていて、フランスと同じように行政のトップで

ある首相を選ぶんですが、韓国の場合、大統領が「この人を首相にしたい」と言って、議会が「いいですよ」とOKして初めて首相が選ばれます。だから前大統領の朴槿恵(パククネ)さんのときは、議会の反対にあって、最初に指名した人を首相に選べませんでした。

フランスは大統領が強い力を持ち、ドイツは首相が強い力を持ち、韓国も大統領が強い力を持つ。この理由、わかりましたか？

4-2

イギリスでは
議員が人質に!?

　では次に、首相はいるけど、大統領はいないイギリスの話をしましょう。イギリスの国家元首はだれだと思いますか?

　そう。今はエリザベス女王が国家元首ですが、女王は政治的な力は一切持っていません。だから政治のニュースで出てくるのは、いつも首相です。

　では、カナダ、オーストラリア、ニュージーランド、いずれも首相はいますが、大統領はいない。これらの国の国家元首はだれでしょう?　実はどの国もイギリス連邦王国というグループなので、国家元首はエリザベス女王なんです。

　ただ、カナダもオーストラリアもニュージーランドも、国会の開会式などにエリザベス女王を気軽に呼ぶわけにもいかないので、その代理を

「総督」という立場の人が務めているわけなんです。

もちろん、イギリスでは、国会が始まるときには必ずエリザベス女王が開会の挨拶をすることになっています。

このとき、エリザベス女王側が必ず国会議員の1人をバッキンガム宮殿に連れてきて人質にとります。これは昔から国王と議会が対立してきたことから、国王が議会で拉致監禁されないための儀式です。

エリザベス女王が議会から帰ってきたら議員を解放しますし、実際に今は対立していないので、バッキンガム宮殿に入っている議員は、お茶の接待を受けて帰るだけ（笑）。そういう伝統が今も守られているということです。

4-3

アメリカと日本に国家元首はいるの？

では、アメリカはどうでしょう。アメリカに大統領はいますが、首相はいない。つまり、アメリカの場合は大統領が国家元首であると同時に、行政のトップを兼ねています。

一般的に内閣の人を集めた会議、「閣議」は首相が行いますが、アメリカの場合は、国務長官や国防長官、教育長官、司法長官、農務長官など、そういう人たちを集めて行う閣議は大統領が開いているというわけです。

日本はどうでしょう。大統領はい

ませんが、首相がいますね。となると、国家元首は？

天皇陛下だと思う人がいるかもしれませんが、日本国憲法には「天皇は国民統合の象徴」と書いてあり、国家元首とは書いていません。ですから、「日本の国家元首はだれですか」という問題がもし試験に出たら、答えは「明文規定はない」、つまり「はっきりとは書かれていない」というのが正解です。

ただ、外国からは日本の天皇が国家元首の扱いを受けています。

074

どういうことかと言うと、たとえば、アメリカの大使が日本に来るときは、必ずアメリカの大統領からの手紙を国家元首に渡すことになっているんです。「この人をアメリカの大統領の代わりとしてあなたの国に派遣しますので、どうぞアメリカの代表として扱ってください」という手紙です。それを天皇陛下に渡すことにしています。つまり、外国が日本の天皇を国家元首として扱っていることがわかりますね。

ちなみに、外国の大使が天皇陛下に会いに行くときは、宮内庁が迎えを出します。このとき「自動車にしますか、馬車にしますか」とたずねるそうです。すると、ほとんどの人が「馬車でお願いします」という返事をしますね。皇居の中には馬車があって、馬を訓練しています。でも、あくまで形式的なので、実はすぐそばの東京駅の丸の内中央口まで馬車が迎えに行って、そこで馬車に乗せると、皇居前広場を通って、皇居の中に入っていくというわけです。

4-4

天皇陛下には政治的な力はないの？

　あなたは「日本国憲法」を読んだことがありますか。

　今の憲法では天皇には政治的権能がない、つまり政治に一切口を出してはいけないということになっているんです。

　今の憲法の前にあった「大日本帝国憲法」では、天皇にいろんな力があったのですが、戦後、民主主義になって「天皇が全部いろんなことを決めるなんておかしいよね」となったんです。だから、今の憲法では、天皇はあくまで日本国民の統合の象徴なんです。

　そういうわけで、今の日本国憲法になって天皇になった平成時代の天皇（2019年4月末で退位）は、つねに「国民の統合の象徴とはどういうことだろうか」と考え続け、政治的なことは言わないという立場で過ごされてきました。今の天皇（2019年5月即位）も「政治的なことは言いません」とおっしゃっています。

　でも、「国民統合の象徴」って、どういうことでしょう？

　平成の天皇は一生懸命にそのことを考えて、大きな災害などがあ

ると、避難所に行って、被災者を励ますことも自分の務めだと考えていたんです。

今ではみんな当たり前のことだと思っているかもしれませんが、当時、天皇や皇后が膝をついて国民の話を聞くことに周りの人はびっくりして、天皇にそんなことをさせるべきではないと、被災者に対して全国から非難が殺到したんです。

そうやって「統合の象徴」として務めてきたんですが、だんだんお年を召して、天皇としての仕事が今までのようにはできなくなってきまし た。本人は「やめたい」と以前から思っていたのですが、「やめたい」と明らかにして、「じゃあ、やめられるようにしましょう」とみんながそれに従うことになったら、政治を動かしたことになってしまいます。「象徴」という立場はとても難しい問題なんです。

結局は、天皇のお気持ちを知ったNHKの記者が「天皇陛下が退位したいと考えています」というニュースを出して、そこで初めて「何とかしようじゃないか」と動き出したわけです。

4-5

共産主義って
いったい何？

「共産主義」って、どういうものかわかりますか。

まず、字を見てみましょう。「産」というのは生産手段。生産手段というのは、自動車工場だったり電気製品の工場だったり。こうしたさまざまの工場を「共」にみんなのものにしましょう、という考え方が基本にあるんです。

今の日本は、「資本主義」ですよね。資本主義とは資本家、つまり会社を経営している人がいて、そこに雇われている人がいる。共産主義は、「そういうやり方はやめようじゃないか、全部みんなのものにしよう。そして全員が平等に暮らせるようになろう」という考え方です。

ある種、とても理想ですよね。理想なんですけど、いきなり共産主義なんてできないから、共産主義に行

く途中経過として、「社会主義」という考え方があります。

今はなくなりましたけど、ソ連(ソビエト社会主義共和国連邦)は、共産主義を理想にしていて、そのために、まず企業を国有にする社会主義を実現し、さらに暮らしをもっと豊かにして、共産主義までもっていこうという考えのもと、社会の仕組みを整えていったんです。

4-6

理想と
現実は違う

　共産主義というのはすべての人がみんな平等で、みんなが同じだけ豊かになることを目指しています。ということは、争いごとがなくなる。ということは戦争もなくなるし、犯罪もなくなる。そして、国家というものがなくなって、世界が全部ひとつになる、という考えなんです。

　だけど、そんなことがいっぺんには実現できない。ソ連は、ロシア帝国の時代にロシア革命が起きて、社会主義の国をつくろうとしたわけですが、当時、ロシアにはいろんな会社の経営者やお金持ちがいて、そういう人たちがいると格差があって、平等でなくなるからという理由で、その資本家たちの多くを殺してしまったんです。

　それで、他の資本主義の国が慌てて「そんなことになったら大変だ。なんとかロシアの社会主義のやり方をつぶそうじゃないか」となって、ロシアにいろんな国が軍隊を送り込みました。

080

　「シベリア出兵」といって、日本もシベリアに軍隊を送って、社会主義に反対する人を応援した、という時代がありました。

　今の中国も社会主義ですね。中国共産党によってこの国の体制ができたのですが、できてすぐに資本家たちの多くを殺してしまいました。

　ソ連や中国にとって、資本主義の考えは国をおびやかすもの。国内で自分たちのやり方に反対する連中が出てくれば、取り締まらなければいけない。自由な発言を許していると、「共産主義はけしからん」なんていう考え方が広まる可能性もあるから、自分たちが危ない。

　共産主義になったら、争いごとはすべてなくなるはずなんですが、その途中経過では自由な言論は認めず、「国のやり方に反対する人は捕まえてしまおう」という状態になりました。その体制がソ連では70年近く続いたんです。

4-7

平等なのになぜうまくいかない？

みんな平等ということは、同じところで働いていれば給料も同じ。自動車をつくっている生産ラインで働いている人ならば、一生懸命働いている人も、昼間からお酒を飲んで、工場の隅で酔っ払って寝ている人も給料が同じ。そうすると、「働いても働かなくても給料は同じなんだから、やってられないよね」となって、みんなサボることを考えるようになるんですね。

また、資本主義では、それぞれの会社が自分たちで生産計画を立てて、いろんなものをつくっていく。でも社会主義の考えでは、そんなことをすると、売れ残った製品やその資源が無駄になってしまうから、「民間の会社の競争は一切やめよう」となる。それで、ソ連の自動車会社は国営企業になったんですね。

そして、毎年どれだけのものをつくるか、国が全部計画を立て、一部のエリートがみんなに指示を出していたわけです。

082

　そうするとそれぞれの会社は、言われたことだけやれば良くなる。「もう少し良いものをつくろう」なんて発想にならないんですね。みんな国有企業でみんな国家公務員だから、つぶれる不安がないですから。

　結局、ソ連では、重くてスピードが出ない古い型の自動車をずっとつくり続けることになってしまいました。結果的に経済はどんどん悪化していって、ソ連という国がダメになっていってしまった、というわけです。

4-8

社会主義で
成功した
意外な国

ソ連は共産主義まで持っていけ
ず、理想の実現はできなかったんで
すが、ソ連の最後のリーダーだった
ゴルバチョフ書記長が、「世界で唯
一、社会主義で成功した国がある」
と言ったことがあります。どこの国
だと思いますか。

実は日本のことなんです。

社会主義は、みんなが平等でみ
んなが一生懸命に働くのが理想で
す。ところが、実際にはみんな働く

のが嫌でサボってしまって、ソ連は
どんどん貧しくなっていきました。

その点、日本は、最近は格差が
大きくなったと言われていますが、
1970年～80年代にアンケートで
「あなたの暮らしぶりは上流ですか、
中流ですか、下流ですか」とたずね
たら、80パーセント以上の人たちが
「私は中流です」と答えたんです。
世界でもまれな平等な国だった。そ
して、みんなが一生懸命働いてい

084

たんです。残業も喜んでして、うんと働いて国がどんどん豊かになっていった。

そのために国は「5カ年計画」など今後の方針を打ち出していた。まるで社会主義の国みたいに。

だから、社会主義の理想を実現したのは日本だという言い方をしたんです。

ちょっと皮肉をこめているのかもしれませんが、それだけ日本が評価されていたということですね。

私たちは社会主義をやっていたなんてだれも思っていなかったんですが、社会主義のソ連からは、そんなふうに見られていたんですね。

CHANGE☆

5

理想を
実現させるのは
大変だ

5-1

議員になれば
世の中の
役に立てる

　今、世の中に政治家はいっぱいいます。国会には国会議員がいますし、あなたのそばにも市議会議員がいるわけです。こういう人たちが、「なぜ、政治家になったのか」と考えてみたことはありますか?

　それぞれの考え方は違っても、1人1人は世の中を良くしたいという思いを持っているんですね。

　政治家になるのは大変です。選挙で自分に投票してもらうために、みんなの前でマイクを持って演説したり、名前を大きな声でアピールして回ったりするんです。当選したら「みなさんのためにいい街にします」という理想を持っているわけです。

　たとえば、テレビに出ている有名なキャスターやいろんなタレントさんが、ときどき政治家になるでしょう。「なんであの人が政治家になるんだろう」と思っていたんですが、あるとき、ある政党から私に「選挙に出ませんか」という話があったんです。もちろん「私が選挙に出るわけない」と返したら、その人はこう言ったんです。

「あなたが議員になれば、世の中にいっぱいいる、自分たちの声を政府に届けることができない人たちを代弁できるんです」と。そして、総理大臣を動かすこともできると言われたんですね。ちょっと心が動きました（笑）。

　そのとき、初めてわかりました。いろんな人が政治家になるというのは、こういうふうに口説かれて、その気になるのだと。自分が議員になれば、世の中のために何かができるんじゃないかと思うわけです。

089

5-2

同じ考え方の人たちで政党をつくろう

実は、たった1人で国会議員になっても、それで何かできるわけではありません。

たとえば国会で質問をするにしても、1人では質問時間が与えられません。自分と同じ考え方の人たちが集まって1つのグループをつくれば、質問時間をもらうことができますし、新しい法律を提案することもできます。それで、考え方が同じ人たちで集まって政党というのができていくわけです。

それが今でいうと、自由民主党や公明党、立憲民主党、国民民主党、日本共産党、社会民主党などになります。

こうして同じ考え方の人が集まれば、自分たちの理想が実現できるんじゃないかと思うわけです。

たとえば自由民主党というのは、昔は自由党と日本民主党という別々の政党だったんですが、自由党と日本民主党が一緒になれば、国会議員の数がうんと多くなり、総理大臣を出すこともできる。自分たちの考え方で政治を動かしていくことができる。「じゃあ一緒になろう」となり、この後、ずっと政権を維持し続けることになるわけです。

政治家たちは理想に燃えて政治家になり、1人では理想を実現できないからみんなで政党をつくります。

090

でも、1人1人の考え方って、やっぱりちょっと違うんです。同じ自由民主党の中でも考えが違っていたりしますし、結局は別の政党をつくってしまう人も出てきます。

　これはとても悩ましい問題です。自分の考えを実現するためには、大きなグループをつくったほうがいいけれど、大きなグループになると少しずつ意見が違ってくる。そのときに自分の意見を貫いて他の人たちと分かれるのか、あるいはそこは妥協して、グループが大きいほうがいいからと、その政党にそのままいるのか、1人1人がそういう判断を迫られるようになるんです。

5-3

政治には、 なぜお金が かかるのか？

　政治家のニュースでときどき取り上げられるのが、「政治とカネ」の問題です。政治家になるためには、実はとてもお金がかかるんです。

　たとえば国会議員になると、次の選挙でも自分が当選したいでしょう？ 何度も当選し続けていないと自分の理想は実現できないですからね。そのためには、自分が国会でどんな活動をしているのかを知ら

せたいですよね。それで国会報告会を開いたりします。

　国会報告会を開くためには、どこかの会議室やホールを借りなければいけませんが、借りるのにはお金が必要ですよね。そのときに「私はこんなことをやっています」というチラシも配るでしょう。チラシの印刷代がかかりますよね。

　あるいは、自分を応援してくれて

いる人たちに報告書をつくって、郵便で送るやり方もありますが、郵便で送るためには切手代が1通82円かかります。封筒代やチラシの印刷代だけでだいたい100円はかかりますよね。10万人に100円ずつで毎月手紙を送ったら、毎月1000万円もかかってしまいます。

まあ10万人はいなくても、1万人の人たちに毎月自分の活動報告をしようとするだけで、毎月100万円、年間1200万円もかかるわけです。

今はSNSがあるからもっとお金がかからないんじゃないかという意見もありますが、そのためには個人情報を集めなくてはなりませんし、その管理に手間がかかります。そのために働く人も必要になってくる。

結局、政治活動ってとてもお金がかかるものなんです。

5-4

政治家には しっかり働いて もらおう

　お金がかかる政治活動ですが、もちろん、そんな状況でも歯を食いしばって活動している人もいます。

　一方で、「お金に苦労してらっしゃるんでしょ？　先生を応援しますから、お金を寄付します。ついてはうちの会社のためにちょっと口をきいてくれませんか」なんていう誘惑を受ける人もいます。あなたが議員だったら、そんな誘惑には負けませんよね。でも、そういう誘惑に負けてしまう政治家が現れたりするわけです。

　政治家は理想に燃えて、それを実現しようとしますが、いろんな問題が起きてきます。そうすると妥協したり、ついついお金に手を出してしまったりするんです。

　でも、税金を払う側からすれば、国会議員も地方の議員も、国民のため地方の住民のために全力で仕事に取り組んでもらいたいですよね。そのために、十分に生活できるお金が渡され、国会議員は年に2000万円以上ももらえているわけで

094

　そのほかに、昔は政治献金という形で政治家にお金を渡すこともありました。そうすると、どこかの会社がたくさんお金を渡して、「自分に有利な法律を」と言い出さないとも限らない。非常に不透明で、「それって賄賂では?」と言われるようになって、政治献金を厳しく規制するようになったんです。

　でも、そうするとお金が足りなくて活動ができない人が出てきます。そのために「みんなコーヒー1杯くらい我慢して、政治家にお金を渡そうよ」と、コーヒー1杯分250円に国民の全人口をかけた金額を、政党交付金として各政党に分けることにしたんです。「みんなでお金を出してあげますから、政治に専念してくださいね」という仕組みがつくられたわけです。

　ただ、日本共産党は「国からお金を受け取ったら国有政党になってしまう」と言って、受け取っていません。

095

5-5

ＥＵの国ぐにが理想とする世の中とは？

　ＥＵのニュースをよく聞くようになりました。イギリスがＥＵから別れると言い出したからです。ＥＵとはヨーロッパ連合のことです。

　このＥＵがどうして誕生したかを考えたことはありますか？

　ヨーロッパでは、第一次世界大戦や第二次世界大戦でヨーロッパ各地が焼け野原になってしまったことから、「二度とヨーロッパで戦争が起きないようにするにはどうしたらいいだろう」とみんなで考えたのです。

　その結果、「ひとつの国のように国境をなくして、だれでも自由に行き来ができるようにしたら戦争もなくなるよね」という理想に基づいて、少しずつ国境の管理をなくしていったのがＥＵです。

　今、ＥＵのどこかの国、たとえば

フランスに行くと、シャルル・ド・ゴール空港で「EUに入りました」という入国スタンプが押されますが、フランスからドイツに行ってもベルギーに行っても、いっさい審査がありません。最終的にEUから出るとき、たとえばドイツのフランクフルト空港から日本に帰ろうとするときにスタンプが押されるだけです。

結果的に、EUの中だけで言うと70年以上も戦争が起きないですみました。

ちなみに、EUに入っている国の間では、いっさい関税もありません。通常は国境を越えて入ってくるものに対して、国内の産業を守るために税金、つまり関税をかけているのですが、EU内では物のやり取りに税金がかからず、自由に売ったり買ったりできるのです。

5-6

オバマ大統領が 実現できなかったこと

TPP（環太平洋パートナーシップ協定）は、太平洋の周りの国ぐにで貿易をするときになるべく関税を減らしていこうというものです。でも、参加国の経済力に大きな差があり、全部関税をなくしてしまうとやっていけない国があるから、「少しずつ関税を減らしていきましょう」といって、TPPのルールがつくられました。

もともとはアメリカの大統領だったオバマさんがTPPを進めようと一生懸命になっていたんですが、トランプ大統領に代わって、アメリカは参加を取りやめました。

現在、日本が外国から輸入する牛肉には38.5％もの関税がかかっています。それは日本の畜産農家を守るためです。私たちは結果的に高い牛肉を食べているわけですが、そういう仕組みを決めているのも政治家です。

日本の畜産農家などが「日本の農業を守ってください」と言ったから、「じゃあ、牛肉に高い関税をかけよう。関税をかけて外国から入ってくる牛肉の値段をもっと高くすれば

日本の農家も利益が上がる」と考えたんですね。

　ただ、その一方で、「関税を減らしたほうが貿易が盛んになるし、安い牛肉が食べられる。だからTPPで関税を減らしていこう」という考えがあり、日本は参加を決めました。オーストラリアもTPPの参加を決めました。そして、アメリカはTPPから外れました。

　だから、オーストラリアからの牛肉の関税は、これから段階的に減らしていって、最終的に9％まで下がります。日本の農家を守るために0％にはしないんですが、これからオーストラリアの牛肉はどんどん安くなっていく。一方でアメリカの牛肉は高いまま。それで、アメリカの畜産農家が「日本に牛肉が売れなくなる」とトランプ大統領に文句を言っています。

　最近になって、突然トランプ大統領が「農産品の関税をなくしてほしい」と言い出したのは、そのためです。日本政府がどう対応していくか、注目していきたいですね。

099

5-7

アメリカの大統領でも予算がないと動けない!?

トランプ大統領がメキシコとの国境に壁をつくろうとしているのは有名ですが、本来、アメリカの政治の仕組みでいうと、予算案は議会がつくります。その予算が議会で成立して大統領がサインすると、予算が成立する仕組みになっています。

ここが日本と大きく違うところで、日本の予算案は内閣がつくります。つまり、総理大臣がどういう予算にするかを財務省に指示し、内閣が予算をつくって国会に提出する。そして、国会の衆議院と参議院でそ

れを可決したら成立するわけです。

一方、アメリカの大統領には予算をつくる権限がなく、そのために大統領が連邦議会両院の議会で「こういう予算にしてください」とお願いするんです。それがニュースでも取り上げられる「一般教書演説」です。

ところが、トランプ大統領の演説を受けてできた予算案を見たら、「ぜひ実現させたい」と言っているメキシコ国境につくる壁建設の費用がほとんど入っていなかった。そ

100

れで大統領が怒って、「こんな予算は認められない」とサインしなかったんです。

予算が成立しないと、国家公務員の給料まで払われないので、政府の役所が閉鎖され、35日間、国家公務員は自宅待機になりました。

仕事のために電気やエアコンをつけると電気代がかかります。国民が払った税金の使い道を決めるのが政治家たちですから、予算が成立しなければ、1セントすら国のお金が使えない、ということです。

5-8

国民のための
政治って何だ？

政府の役所が閉鎖されるって、大変なことですよね。それで大騒ぎになって、トランプ大統領がしぶしぶと「じゃあ、とりあえず1カ月だけお金を使っていいよ」という予算にサインしました。

だけど、結局、メキシコとの国境に壁をつくるという公約が守れないので、「非常事態宣言」を出したんです。大統領が非常事態を出すと、議会の承認がなくても国のお金を使えるし、いろんな権限も使えるんですね。だからトランプ大統領は、

そのルールを使って壁建設の費用を確保しようとしたわけです。

それに対して、今度は議会が反発して、トランプ大統領の宣言を否決したんですね。大統領はそれでどうしたと思いますか。今度は、大統領がその否決を認めない「拒否権」を使ったんです。

もちろん、アメリカにはこういうルールがあって、この場合、大統領のほうが力が強いので、今度は議会の3分の2以上の賛成がないと、大統領の意見をひっくり返せません。

102

　なかなか決着がつきそうもない問題ですが、トランプ大統領は公約したことを意地でも実現させたいんでしょう。彼は「アメリカ国民を守るため」と言いますが、理想論で言えば、みんなが自由な貿易をすることで世界全体が豊かになり、アメリカの国民も豊かになっていくという考え方もあるんです。

　一方、次の大統領選挙という目先のことで考えれば、自由な貿易をするより、海外から入ってくるものに高い税金をかけて、アメリカの国民を守ろうとしているとも言えます。さらには、中南米の貧しい国の人たちが、豊かなアメリカを目指して、メキシコ経由でやってくるわけですが、壁をつくれば、今のアメリカ人の仕事は奪われないし、治安が悪くならないという考え方なんですね。

　とはいえ、トランプ大統領の両親をはじめ、アメリカはいろんな国から移民が来ることによって活力のある国になりました。それを止めてしまうと、長期的にはマイナスになるだろうと言われているんです。

6

みんなの
お金を
どう使う？

6-1

使えるお金は
限られている

そもそも、政治家になろうとする人たちは、世の中を少しでも良くしようと考えているわけですよね。

だから、どの市区町村にも都道府県にも市議会議員や県議会議員がいます。また市長さんなどもいて、みんな選挙で選ばれています。

当然ですが、それぞれの政治家にしてみれば、自分の住んでいるところを少しでもいい街に、住みよい街にしたいわけです。でも、どの市区町村にも予算があり、使えるお金は限られていますよね。そのお金は、市民が払っている住民税だったり、あるいは会社が払っている法人住民税だったり。場合によっては、国から補助が出たりもしますが、みんなの税金で集まったお金を、何に使うかが問題になります。

市立小学校や市立中学校のために一体いくら使えばいいんだろうか。老人ホームをつくるためにどれ

106

だけ補助をしたらいいんだろうか。道路を直すためにどこから直すのか。こういうものを、みんな決めていかなければいけないわけです。
　そして、決めるだけじゃなく、実際に動かしていくには、住民への説明が必要だったりして時間もかかります。そうすると、自分の理想を実現するためには、「次の選挙でも当選すること」も一緒に考えていかなければならないんです。

6-2

すぐに
病院に行ける
日本の仕組み

　今は、高齢化が進んでいます。あなたは「65歳以上の人には年金が支払われる」ことになっているのは知っていますね。

　あなたもいずれ、年金保険料を納めなければならなくなります。今の65歳以上の人たちも若いころから年金の保険料を払ってきたわけです。ただ、払ったお金だけでは足りないので税金が使われています。

　医療費も同じように税金が使われています。たとえば、あなたがインフルエンザにかかって、医者にかかる。そうするとお金を払うけれど、

実は実際にかかったお金の3割ですんでいるのです。あとの7割は、みんなで払っている保険料や国のお金を使っています。市区町村によっては、医療費を中学生まで補助してくれるところもあります。

　そういう仕組みのなかであなたはいつでもお医者さんに診てもらえるわけです。

　この日本の医療制度が、世界の国ぐにと比べてどれだけ素晴らしいかを知っていますか。

　2009年にメキシコとアメリカで豚インフルエンザが流行って、それ

が人間にも感染して、病院に担ぎこまれた人が次々に死んでいくことがありました。それで、アメリカやメキシコから日本に入ってくる飛行機に関しては、乗客を飛行機からすぐに降ろさないで、まず保健所の人が中に入ってチェックをする、なんて大騒ぎになったんです。

しかし結局、神戸の高校生が感染していたことがわかり、国内に入ることは止められなかったんですが、このときの豚インフルエンザが今では普通のインフルエンザです。

ＷＨＯ（世界保健機関）の調査によると、この新型インフルエンザの患者が一番多かったのは日本なんです。なぜか？ それは、日本はすぐにお医者さんに行けるし、3割の負担で診てもらえるから。

メキシコやアメリカで豚インフルエンザの人が次々に死んでいったのは、病院にかかると医療費が高くて払えないから、みんな家で寝て治そうとしたからなんです。その結果、悪化させて死にそうになってから救急車を呼んだので、死亡率が高く、世界中がパニックになったというわけです。

6-3

デンマークでは薬はもらえない

一時は世界中が大騒ぎした豚インフルエンザも、他のインフルエンザの死亡率と同じことがわかって、今は大騒ぎしなくなりました。

その後、今は1回飲めばいいような薬ができていますよね。あの薬も、世界で一番たくさん使われているのは日本です。世界のあちこちでは、今でもインフルエンザにかかったら、「家で寝てなさい」で終わりですからね。

医療費が無料だというデンマークでも、実はすぐに薬が出るとは限らない。デンマークでは、家の近くに必ずかかりつけのお医者さんがいて、まずそこに行くんです。そこで「専門の病院で診てもらったほうがいいですね」と紹介状をもらって、初めて大きな病院に行けるんです。

デンマークで取材したことがあるんですが、体が痛いとか熱があるとかいう人が来ると、かかりつけのお医者さんは「それは風邪ですね、家で寝てなさい」でおしまい。薬は出さないんです。

日本だと、筋肉痛で腕や足が痛

くても痛み止めや湿布などを出すでしょう。でも、デンマークでは医療費が無料なので、なるべく医療費がかからないようにしているのです。

6-4

国の借金を
国民が支えている

　日本では、すぐに病院に行けるし、薬も出してもらえます。だから、結果的に医療費がかかるようになっています。

　すると、国のお金（税金）が足りなくなります。たとえば2019年度の日本の予算は、100兆円を超えています。だけど、みんなから集めた税金は55兆円くらいしかない。ず

いぶん差がありますが、足りないぶんはどうすると思いますか。

　結局、国が借金をするしかないですよね。これが国債というものです。国は税金があまり入ってこないから、足りない部分は国債を発行して、それをみんなに買ってもらって補うわけです。

　たとえば、99万9000円で国債

を発行する。それを「5年間、持っていれば100万円が返ってきますよ」と言って売るわけです。この差額分が利子です。

こういう国債は、だいたいだれが買っているか知っていますか。

お金があるところ、つまり銀行や郵便局が買っているわけです。でも、銀行や郵便局のお金って、どこから出ていますか？

みんなが預金や貯金をしているでしょう。そのお金で国債を買っているわけなんです。

ということは、あなたは国債を買っている自覚がないかもしれないけれど、間接的にこの国債を買っていることになるんです。

6-5

日本の借金は
１０００兆円もある

　日本の借金、国債が今どんどん増えています。日本と地方の公共団体が持っている借金の金額は1000兆円もあるんです。国の予算は100兆円ですよ。これって、返せるんでしょうか。

　いっぱい国債を発行し、「借金でいろんなことをやりましょう」と言っているのは今の政治家ですよね。お年寄りが多いでしょう。そして、お年寄りのために、いろんなお金を使っているわけですよね。そして、この借金を返すのはあなたたち。だって、今の高齢者はあと何十年も生きていないわけでしょう。とりあえ

ず、今が何とかなればいいと考えている人が多いからです。

　つまり、若い人が政治に関心を持たないでいると、こういう状態になるということです。

　ただし、こんなに1000兆円も借金があったら、日本はつぶれてしまうのかというと、実は必ずしもそうでもない。確かに大変なんですが、世界中、どこの国でもお金が足りない国は借金をしているんです。

　たとえばあなたの親も、マイホームやマンションを買っていたら、住宅ローンを組んでいるかもしれない。ということは、借金がありますよね。

でも借金があったって、ちゃんと返せていれば問題はないわけです。

逆に住宅ローンを借りることができるのは、それだけ信用されているということなので、それ自体は悪いことでも何でもない。ただ、借金がひたすら増え続け、返済ができなくなるとダメだということなんです。

それは国も同じ。借金があってもそれ自体は問題ありません。借金がひたすら増え続けていると、いつかつぶれるということ。

だから、借金がこれ以上増えないように考えていかなければならないんです。

6-6

国民の声は
全部聞けない

政治家は国民のいろんな願いを叶えるのが仕事です。

今は、高齢者がもっと年金を増やせと言っていますよね。昔は高齢者の医療費がタダだったけれども、それでは税金が足りなくて、1割、2割と増えていって、今は3割を払わなければいけなくなった。それを、昔みたいに無料にしてほしいと要求する人もいます。

それ以外にも、幼稚園から大学まで授業料をタダにしてほしい、子育てがしやすい国にしてほしい、高速道路をつくってほしい、といろんな国民の声があります。

でも、そのためのお金をすべて出していったら、とても100兆円の予算では足りません。もっと増やさなければいけないけれど、借金が増え続けちゃダメなわけです。

政治家はみんなの願いを実現しようとしています。国民はいろんなことにお金を使ってくれと言いますが、それを全部やっていたら国が破産してしまう。

国のことを考えたら、みんなのリクエスト1つ1つに応えているわけにはいかないんです。

そこで、どこまで国民の声を聞けばいいかを、政治家たちが考えるわけです。昔、橋本大二郎さんが高知県知事だったときに名台詞をはいたんです。「高知県の将来のことを考えれば、サッカー場をつくったほうがいいけれど、次の選挙のことを考えたら、ゲートボール場をつくる」と（笑）。

わかりますか？ 若い人は投票に行かないけれど、投票に行く高齢者向けのゲートボール場をつくったほうが、次の選挙でも勝てる、という意味です。

6-7

みんなが動けば 選挙にも お金はかからない

国会のニュースを見ていても、何をしているのかよくわからない人がいるかもしれませんね。

国会で議論しているのは、「国民の声をどう取り上げるか」ということです。それを見ている人が自分の声を取り上げてもらえないと、「国会議員は全然我々の意見を聞いてくれないじゃないか」と不満を持つんです。

でも、ただテレビに向かって不満をはき出すだけでは、何も変わりません。そういうときにこそ、あなたが「政治はこうあるべきだ」と、直接政治家や政党に言うことによって政治を動かすこともできるんです。

政治にはお金がかかるという話を前にもしました。選挙になると、宣伝カーを借りて、大勢の運動員を集めて、ポスターを貼ったりして、お

金がかかります。自己負担が大きいので、実は一定の得票数を取った人には、後で選挙費用の一部を国が払うことになっています。それでも、やっぱりお金がとてもかかりますね。

前にイギリスの選挙運動を取材したんですが、イギリスの候補者は自己負担がないんです。どうしてだと思いますか。国がお金を出すわけではありません。ボランティアがみんな駆けつけて、「この人を政治家にしよう」「私たちの願いを実現してもらおう」と、お金を出し合って、ポスターをつくったりするからです。結果的に候補者は全然お金がかからない。

要するに、お金がかかる選挙というのは、みんなが「勝手にやってれば？」となっているからなのです。

6-8

政治家だけに任せない

イギリスのように、みんな1人1人が「この人を政治家にしたい」とボランティアで駆けつければ、お金はかかりません。

そうすると、政治家はお金が足りないなんて言わなくてすむ。「お金を差し上げますから、私たちのために何とかやってください」なんていう会社などからの誘惑にも駆られなくなります。

政治家に対してみんなお任せしておきながら、あーだこーだ文句だけは言うことが多いでしょう。

お任せしてたらいけないんです。

あなたがこれから選挙に参加できるようになったら、文句が出るような政治家を選ばなければいい。あるいは、いい政治家がいなかったら、自分が政治家になればいい。

選挙で自分が立候補するときに、どれだけ仲間が駆けつけてくれるでしょうか。「私、選挙に出ます」と言ったときに、昔の仲間、同窓生が「勝手にやれば」という人もいるで

しょうし、「お前が出るならみんなで応援(おうえん)しよう」と、同窓生がどどどどっと集まってきて応援をしてもらえる人もいます。

　選挙に出ようとすると、自分がどれだけの人に信頼されているか、友達がどれだけいるかいないかが、すぐにわかってしまいますね。残念ながら友達がいないと、「お金で何とかしよう」となってしまいます。

　政治というのは、実はそういうものだということです。

7

どんな街、
どんな国が
理想？

7-1

「政治活動」は
14歳でもできる

あなたは、世の中に不満があるかもしれません。国会中継を見て、納得いかないことがいろいろあるかもしれません。

選挙や「選挙活動」には18歳にならないと参加できませんが、実は選挙に関係のない「政治活動」なら、すぐにでもできます。たとえば、候補者や政党の公約を比較したり、今の政治家のやり方に意見を言ったり、デモや集会に参加したりすることも政治活動です。

そのために、今、世の中がどんなふうに動いているのかを知ることも、政治活動の第一歩でしょう。

毎年、国会には新しい法律案がいくつも提出されて、成立するのもあればしないものもあります。法律には2種類あり、「これからの日本はこうあるべきだ」という法律もあれば、「大きな問題を解決しよう」としてできる法律もあります。

2018年に成立した「働き方改革関連法」は、文字通り働き方を改革する法律です。これは、もともと労働基準法といって「原則として

124

1日に8時間、1週間に40時間を超えて労働させてはいけない」というルールがあったにもかかわらず、実際には守られていなかったり、働きすぎて過労死する人もいたりして、大きな社会問題になっていたために、前の法律を改正する形でつくられました。

　いよいよこの改革が進められつつあるのですが、働き方改革は、実は少子高齢化対策にもなるんですね。これまで子育てや介護は、女性に押しつけられがちだったんですが、男性も毎日残業ばかりじゃなくて、ちゃんと家に帰って子育てにも参加すれば、母親だけに負担をかけないようにできる。結局は子育てしやすい社会になり、少子化対策にもつながっていくんじゃないか、という狙いがあるんです。

　本当は、1人1人が権利を主張すればいいんですが、日本の場合、なかなかそれができない。そこで、人々ができないものを国が代わって助けよう、ということでこの法律ができたんですね。

7-2

新しい法律を見て国の動きを知ろう

　少子高齢化の問題で言えば、外国人労働者をたくさん受け入れようという法律もできました。

　正式には「出入国管理及び難民認定法及び法務省設置法の一部を改正する法律」という長い名前なんですが、要は、外国人が日本で働くための基準をゆるやかにするものなんです。ただ、外国人を受け入れるときにトラブルが起きるといけないので、いろんな条件をつけることになったんですね。

　これも今の日本社会が抱えてい

る問題を、なんとか解決しようとして出てきた法律です。

　このような新しい法律をつくるときには、もちろん反対意見もあります。「日本人の働く場所が減ってしまうんじゃないか」「外国人を安い賃金で働かせて、人権問題になるんじゃないか」など、今でも心配している人がいますので、今後どうなっていくのか、新聞やテレビのニュースでチェックしていってみてください。

　もっとあなたが身近に感じること

126

で言えば、「児童虐待防止法」という法律もできました。実は、昔から「児童福祉法」という法律はあって、近所で虐待があったら、必ず通報しなければいけないという義務はあったんです。

でも、ほとんどの人はそれを知らなかった。そこで、新たに法律をつくって、「虐待されているとわかったら、とにかく通報しなければいけません」というルールにしたんです。その結果、虐待の通報が激増しています。これは虐待が増えている

わけでなく、「虐待じゃないか?」と疑って通報する人が増えたということです。

さらに昔は、子どもが親から殴られたりしてギャーギャー泣いている声が聞こえても、「あそこの家はしつけが厳しいなあ」で終わっていたんですね。「よその家の中のことは口を出すのはやめましょう」という空気が世の中にはずっとあったんです。だけど、「それじゃいけない」となって、今、取り組みが行われているということです。

7-3

お金の使い方で
未来も変わる

日本では国に入ってくる限られたお金を高齢者の福祉や、子育てに回すことが求められて、結果的に、大学のいわゆる基礎研究というところには、あまりお金が行かなくなっています。

基礎研究って、何に役立つか、すぐにはわからないですからね。

ノーベル医学生理学賞を与えられた大隅良典さんの研究だって、30年前には何に役立つかわからなかったんです。それが後にがん治療に役立つことがわかり、私たちはその恩恵を受けています。

同じくノーベル医学生理学賞の本庶佑さんも、30年前は「がんってどういう仕組みになっているんだろう」という好奇心だけで研究を始め

　たのです。で、発見があった。それががんの免疫療法に使えることが後からわかってきたんです。基礎研究とはそういうものなのです。
　今、ノーベル賞が次々出ているのは、30年前の基礎研究が花開いているからなんですね。今は、そのお金が減っているので、20年後、30年後の日本ではノーベル賞は取れなくなるかもしれないと心配されているんですね。
　一方で、今、中国ではものすごくお金をかけて、世界中から優秀な人を呼び集めているので、20年後、30年後のノーベル賞は中国人ばかりになるかもしれません。

7-4

視野を広げて
考えよう

日本の予算で、逆に増えているのが防衛費です。これには歴史があるので、遡って考えてみましょう。

第二次世界大戦後、日本は平和憲法をつくり、軍隊を持たないことにしました。でも、外国から攻撃されたら困るので、自衛隊という組織をつくった。日本の政府としては、これは軍隊（戦力）ではないということにしたんです。これにも大きな問題はあるんですが、少なくとも大金をかけずに自分たちの国を守るものをつくり、それだけじゃ不安なので、アメリカと日米安全保障条約を結んだんです。そのため、何かあればアメリカが助けてくれることになっているんですね。

戦後、世界はソ連グループとアメリカグループに分かれ、東西冷戦という形でにらみ合いが続いたんですが、ソ連が崩壊してロシアになり、いろいろにらみが効かなくなってくると、いろんなところで勝手なことをする国が出てきたんですね。アメリカもだんだん力が弱くなり、日本の周りでも、軍事力で強くなろうと

する国が出てきました。その結果、「アメリカ頼みじゃダメなんじゃないか」という意見が出たり、アメリカから「自分のことは自分でしろ」と言われたりして、何か対策を立てなくてはならなくなったんですね。

それで日本は、「自衛隊をもう少し強くしなければいけない」と考え、防衛費を増やしているんです。

ただ、これは日本の理屈です。これを海外から見ると、「日本は防衛費を増やし、強い軍隊をつくり、どこかに侵略するんじゃないか」と見られてしまう可能性もあります。

日本はだれもそんなことは考えていないんですが、日本がどんどん防衛費を増やしていることを脅威と考える国があって、そうすると他の国も軍事費を増やす競争になる可能性が出てくるんです。

日本を守るために防衛費を増やそうとしているのに、そのこと自体にも実はリスクがある。私たちは、そういうことも考えながら、政治家の意見を聞いたり、議論を見たりしていかなければいけないんです。

7-5

民主主義は
自分たちが
主人公

「民主主義」ってよく聞くでしょう。民主主義のミンって、民。 つまり私たち国民のこと。国民の1人1人が主人公の政治をする、それが民主主義です。

北朝鮮の金正恩という人は、形式的には国民から選ばれた形をとっていますが、本当のところは金正恩のために北朝鮮という国はある

わけでしょう。そこにいる多くの人たちは飢えて苦しんでいます。それは北朝鮮の国民が決して主ではないということです。

民主主義というのは国民1人1人が大事なんです。みんなが大事なんですけど、だから「何とかしてくれ」じゃダメなんですよね。

自分たちを大事にしてもらうため

132

には、みんなでお金を出さなければいけない。自分たちのために仕事をする役人たちを選ぶ、警察官や消防士を雇う、だけど役人たちがいろんな仕事をするためにはお金がかかる。だからみんなでお金を出す。でも、お金を管理し、どこにどう使うかを決める人を選ばなければいけない。

自分たちの問題として「政治」を考えることが重要なんです。

そして、私たちが選んだ代表がみんなのお金の使い方を考える。私たちの国、私たちの地域をどうしたいか、そこに未来がつながっていきます。

7-6

みんなの代わりに新聞やテレビが監視する

政治家たちが何をやっているのか、ふだん、市議会とか東京都議会とか、そういう議会が開かれているときにはみんないつでも傍聴することができます。

いつ行ってもいいところと事前に申し込んでおかなければいけないところと、地域や場所によって違いますが、傍聴すると議員たちが何を議論しているかを見ることができます。

でも、みんな学校や仕事がありますよね。いちいち議会に行って傍聴し、議員たちがどんなことをやっているかを監視できませんよね。

それで、「私がみんなの代わりに監視しましょう」そして「監視したことをみんなに報告しましょう」「その報告をしたものを、みなさん買ってください」という仕事をしているのが新聞なのです。

新聞は、それ以外の記事も載せ

134

ていますが、基本的には「監視をする」のが新聞記者でありテレビ局の記者の役目になります。

　実は今、アメリカでは新聞がどんどん売れなくなって、地方紙がなくなってきているんです。そうすると、新聞がなくなった地区では投票率がドーンと下がります。つまり、いつ選挙があるかを知る手段がなくなったから、投票に行かなかった、ということです。

　もう1つ。それまでは議会に新聞記者がいて、監視の目があったから変なことはできなかったんですが、新聞記者がいなくなったとたん、カリフォルニアの小さな町では、市長や市議会議員の給料が、アメリカの大統領より高くなっていたんです。

　ある日、たまたまそれが発覚したんですが、新聞がなくなると、こんなことになるという一例です。

7-7

民主主義の国は
自由な報道ができる

　結局、民主主義なら自分たちのことは自分たちでやらなければならない。当然、自分たちで選んだ人たちをチェックする人も自分たち。それが、いわゆる新聞記者だったり、テレビ局の記者だったり、ジャーナリストと呼ばれる人たちになっていったわけです。

　政治家は、新聞やテレビに自分たちの悪いことを暴き立てられたら大変だから、民主主義ではない国は新聞記者を捕まえたり、自分たち

が言っていることだけを報道するよう命じたりするようになる。これでは、言論の自由も報道の自由もありません。

　だから、北朝鮮には、自由な報道の新聞もテレビもありません。朝鮮労働党がこういう報道をしなさいと言えば、その通りにする。中国の新聞も、書いた原稿を地元の共産党に見せて、書き直しを指示されたら、その通りに直す。また、中国には、いわゆる「ニュース速報」もほとん

136

どありません。日本のニュースを見ていると、「中国としては異例の速さで報じられました」と伝えられることがありますが、あれは日本で言うと普通のスピードで出た情報です。普段は内容のチェックがいちいちあり、速報が出せないので「速報が珍しい」という意味なんです。

私は世界各地に取材に行くんですが、自分の国の政治家がいかに素晴らしいかしか書かれていない新聞を見ると、ここには民主主義がないんだなと思う。逆に自分の国がいかにひどい国か、政治家がこんなにひどいことをしていると書いてあれば、言論の自由、報道の自由があり、民主主義の国だと思います。

それで言うと、日本の新聞はどうでしょう。悪口ばっかり書いてありますよね（笑）。「もうちょっといいこと書けよ」って思うくらいですが、政府を批判できるということは、誇りにしていいことなんです。

おわりに

あなたは、「政治」が自分たちの関係のないところで行われているかと思っていたかもしれません。

でも、考えてみると、「自分たちの身の回りを良くするためにはどうしたらいいだろうか」ということがだんだん積み重なって、国が動いていることがわかると思います。

もし、あなたが国に対して不満があるのだったら、それを他人事みたいに「何とかしろよ」なんて言っていたらいけない。「何とかしろよ」じゃなくて「何とかしなくっちゃ」と考える。そして、自分や周りの人を、たとえば市議会議員にしたり市長にしたり、都議会議員や国会議員にしたりする形で、世の中を動かすことができ

るのが民主主義なのです。自分たちでやろうと思えば、いろんなことができるんです。

　もちろん、そうは言っても、自分が選挙に出るなんてできない人がいたって当然いい。でも、知り合いが選挙に出たら、応援くらいはできるかもしれない。それができなくても18歳になったら、投票には行けるわけですよね。

　今、「18歳になったら投票できますよ」と言われて、突然どうしようと困っている人がいっぱいいるわけです。だから、投票に行かなかったりする。あなたは18歳になったら投票できることがわかっているわけだから、今からどこに投票すればいいかを考えることができるわけです。そして、そのときにどういう政治家を選ぶのか、どういう政党を選ぶのか、と同時に、どんな国になればいいのかを考えてほしい。

　それは、「今、この日本で生活をしている私は、どう生きていけばいいんだろうか」と考えることに結果的につながっていきます。どんな国にしたいのか。この国でどんなふうに生きていきたいのか。この国はどういう国であってほしいのか。

　今すぐに答えはなかなか出てこないと思いますが、少しずつそんなことを考えながら、18歳になる日を楽しみにしてもらえればと思います。

池上 彰

協　　力：学校法人明星学園
イラスト：白根ゆたんぽ
装　　丁：杉山健太郎

池上 彰（いけがみ・あきら）

1950年長野県松本市生まれ。1973年にNHKに入局し、
2005年まで報道記者としてさまざまな事件、災害、
消費者問題、教育問題等を担当。1994年から11年間は
「週刊こどもニュース」のお父さん役としても活躍した。
現在は、フリーのジャーナリストとして各メディアで活躍。
名城大学教授、東京工業大学特命教授、東京大学客員教授ほか。
『14歳からのお金の話』（マガジンハウス）
『別冊NHK100分de名著 読書の学校 池上彰 特別授業
「君たちはどう生きるか」』（NHK出版）ほか著書多数。

14歳からの政治入門

2019年6月28日　第1刷発行

著　者	池上 彰
発行者	鉄尾周一
発行所	株式会社マガジンハウス
	〒104-8003　東京都中央区銀座3-13-10
	書籍編集部　☎03-3545-7030
	受注センター　☎049-275-1811
印刷・製本所	大日本印刷株式会社

©Akira Ikegami, 2019 Printed in Japan
ISBN978-4-8387-3061-2 C0095

乱丁本・落丁本は購入書店明記のうえ、小社制作管理部宛てにお送りください。
送料小社負担にてお取り替えいたします。
ただし、古書店等で購入されたものについてはお取り替えできません。
定価はカバーと帯に表示してあります。
本書の無断複製（コピー、スキャン、デジタル化等）は禁じられています（ただし、著作権法上での例外は除く）。
断りなくスキャンやデジタル化することは著作権法違反に問われる可能性があります。

マガジンハウスのホームページ http://magazineworld.jp/

> 新聞を読むために
> 必要な知識が
> すいすい身につきます。

14歳からのお金の話
The Story of Money from 14 Years Old
池上 彰

5万部突破

世の中の不思議を、
お金から考える。

●お金の成り立ち ●貯蓄と投資の違い
●会社はだれのもの ●年金とは…など、
現代のお金とそれにまつわる社会問題を幅広く紹介。

ISBN978-4-8387-1654-8 C0095　1200円（税別）